Grandes Trenes de la Historia

Descubre las legendarias locomotoras
que transitaron por este mundo

Mr. Motorman

Contenido

Las primeras máquinas

El transporte sobre rieles es una idea muy anterior a la aparición del moderno ferrocarril, y se puso en práctica a principios del siglo XVIII con objeto de facilitar el transporte de carbón desde las galerías de las minas al exterior.

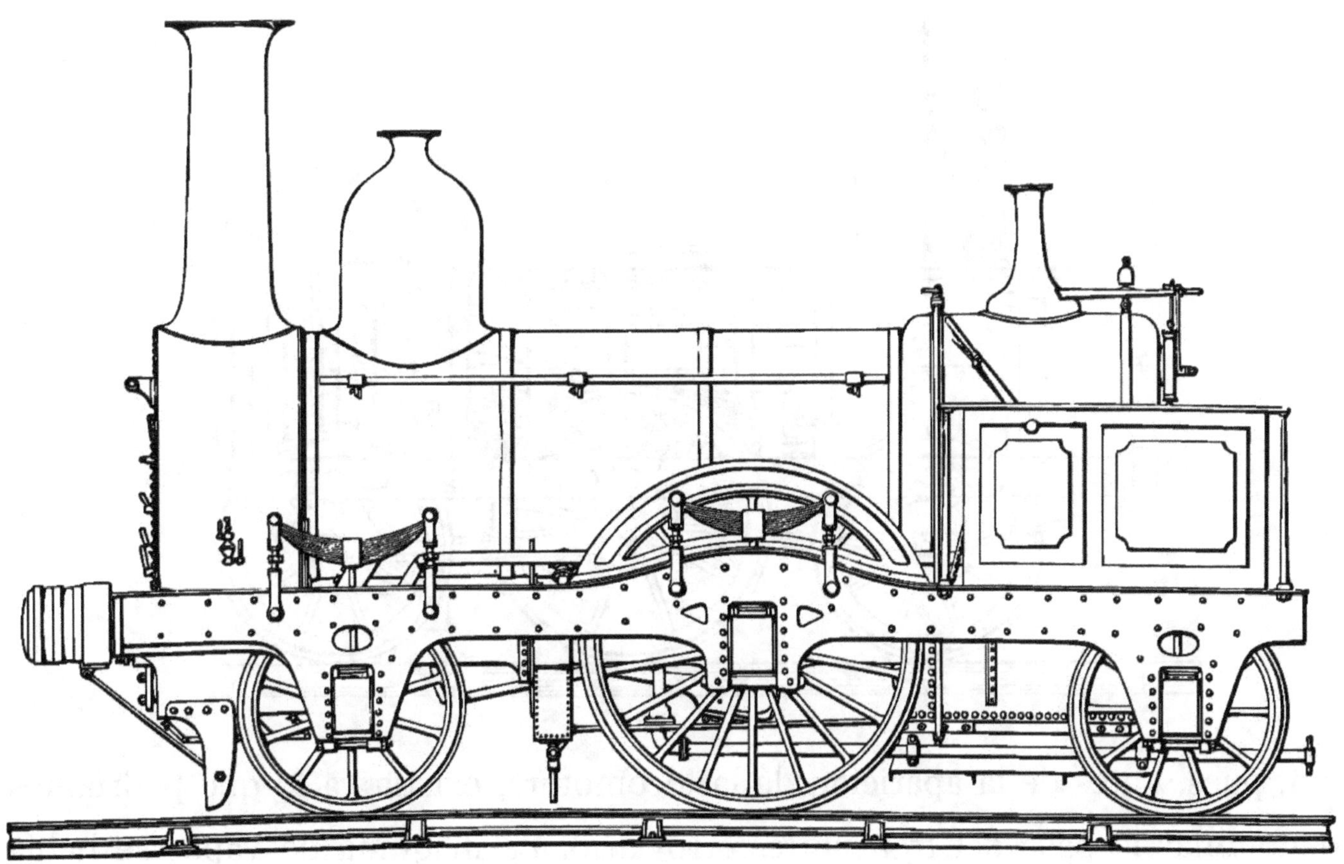

Las vagonetas en las cuales se cargaba el mineral eran movidas por animales, y en algunos casos por medio de un cabrestante impulsado por una máquina de vapor estacionaria instalada fuera de la mina. Los rieles fueron en un principio de madera, pero el intenso desgaste obligó a adoptar carriles de hierro fundido.

Así, pues, antes de la aparición de la locomotora, existía ya lo que podríamos denominar la base del transporte ferroviario. La máquina de vapor se había extendido con rapidez en los medios industriales y mineros, dadas sus ventajas sobre la fuerza humana, y el transporte de vagones sobre rieles dejaba sólo una cosa por hacer: poner ruedas a las máquinas de vapor.

El primero que se las puso fue un inglés llamado Richard Trevithick. A finales del siglo XVIII Trevithick era ingeniero en unas minas del país de Gales, y estaba forzosamente en contacto con las máquinas de vapor, empleadas para achicar el agua infiltrada en las galerías, problema muy común.

En 1804, tras muchos experimentos, Trevithick fabricó la primera locomotora que vio la luz en el mundo, máquina que empleó para sustituir a las mulas encargadas de arrastrar vagonetas en una mina galesa.

Pero el inventor se había adelantado a su tiempo, y sus esfuerzos fueron recompensados por burlas y sarcasmos, a pesar de lo cual intentó mostrar a sus compatriotas las posibilidades de su máquina, instalando una pequeña vía en Londres, vía que funcionaba a título de demostración, pero que no logró convencer a nadie.

El London Steam Carriage, que puedes ver arriba, fue un vehículo de carretera a vapor construido por Trevithick en el año 1803 y el primer vehículo autopropulsado de transporte de pasajeros del mundo.

Ante la indiferencia de sus compatriotas hacia sus trabajos, Trevithick abandonó sus experimentos, arruinado tanto física como moralmente.

No tardó, sin embargo, en aparecer un nuevo inventor dispuesto a recoger la antorcha; esta vez se trataba de un minero de Gales, llamado George Stephenson.

Stephenson, hijo de humildes campesinos, empezó a trabajar como fogonero a la edad de quince años en una mina de carbón cercana a su aldea natal. Su labor consistía en alimentar la caldera de la máquina de vapor que accionaba las bombas destinadas a extraer el agua infiltrada en las galerías.

Muy pronto el joven fogonero dio muestras de un talento mecánico poco común, pero su día llegó cuando, en cierta ocasión, logró arreglar una bomba aspirante averiada que los ingenieros de la mina habían considerado como irreparable. Este hecho atrajo sobre Stephenson la consideración y el apoyo del propietario de la mina, haciendo que el genial fogonero consiguiera el dinero necesario para llevar a la práctica sus proyectos.

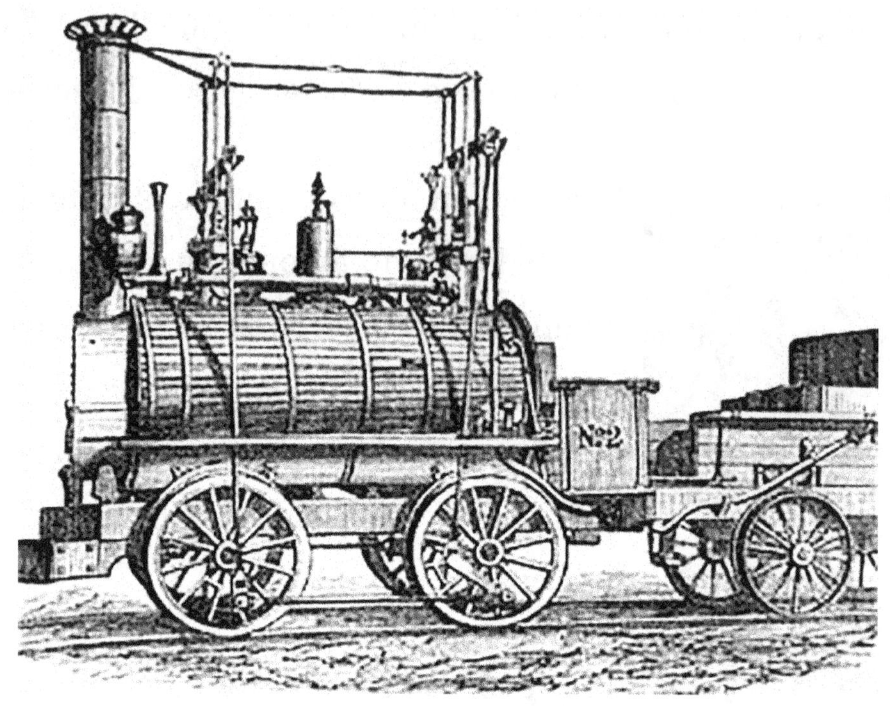

En 1814 el inventor construyó su primera locomotora, llamada «Blucher», que tenía seis toneladas de peso y era capaz de remolcar treinta toneladas de carbón.

La «Blucher» presentaba innovaciones de cierto interés respecto al primitivo diseño de Trevithick; puesto que gracias a un sistema de transmisión de cadena, todas las ruedas participaban en la tracción, eliminando así el problema que significaba el resbalamiento de las ruedas sobre la lisa superficie del riel.

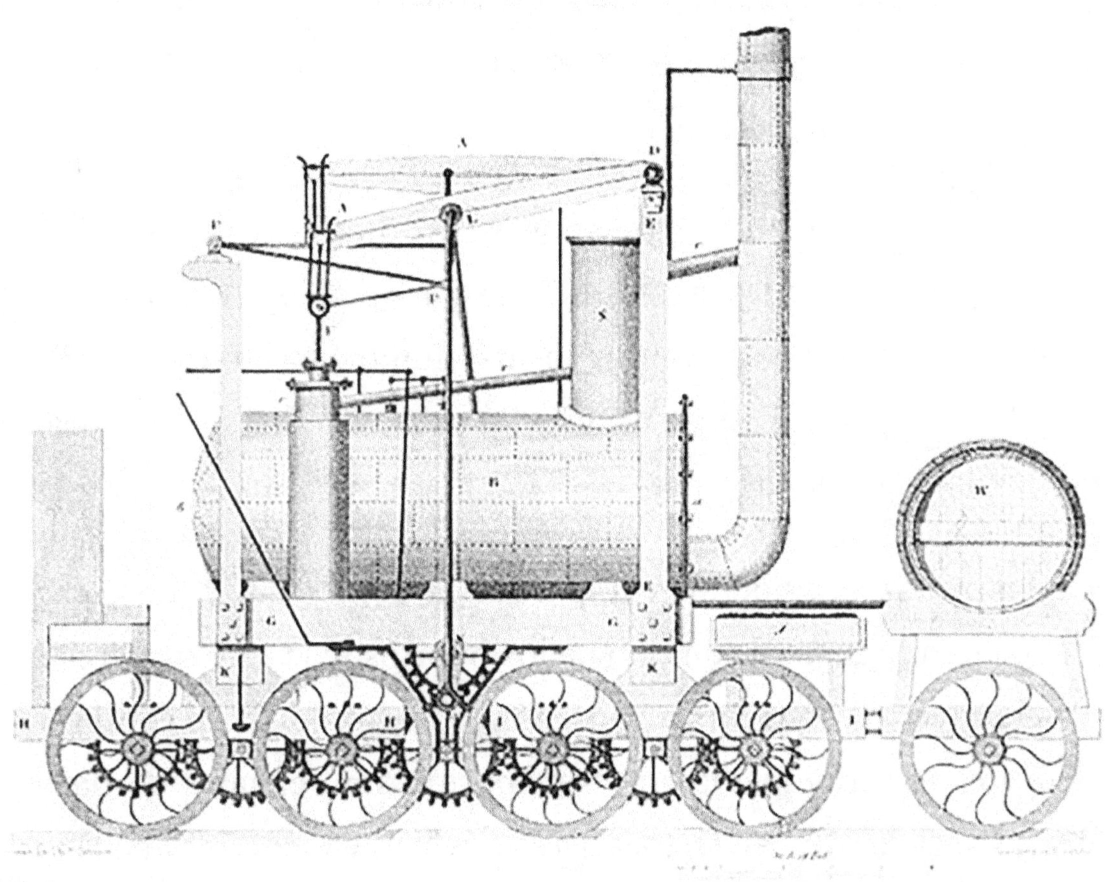

En el año 1823 Stephenson inició la construcción de una línea ferroviaria, servida por locomotoras, para enlazar la cuenca minera de Darlington con la ciudad de Stockton. La vía, de 61 kilómetros de longitud, era doble en dos tercios del recorrido.

En septiembre de 1825 salió de Stockton el primer tren de viajeros de la historia. El recorrido se hizo a la velocidad de 20 km/h. y el tren transportó aquel día cerca de medio millar de pasajeros.

El triunfo del nuevo medio de transporte se difundió con rapidez por toda Inglaterra, disipando todas las incredulidades que se habían expresado en cuanto a su viabilidad; pero para el inventor lo más importante fue que un grupo de capitalistas le confiara la construcción de una vía férrea de carácter más ambicioso: la Manchester-Liverpool.

Esta línea tenía una considerable importancia comercial, pues enlazaría una importante ciudad industrial con uno de los puertos más activos del país. En sus comienzos el proyecto contó con la oposición, encarnizada pero comprensible, de los propietarios de otros medios de transporte como canales de navegación y diligencias. No obstante, el ferrocarril se concluyó en un año tras vencer dificultades técnicas muy superiores a las previstas.

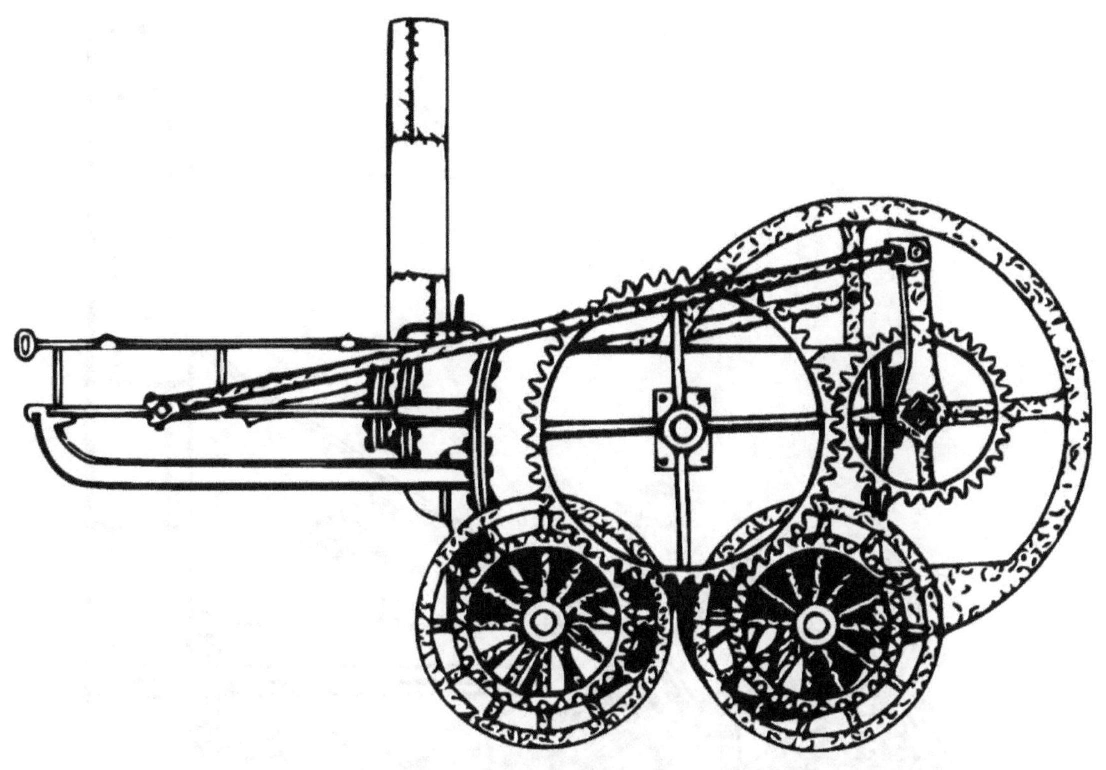

Arriba puedes ver la locomotora construida por Trevithick en 1803.

El inventor no fue escuchado por sus contemporáneos, y su locomotora, que podía alcanzar hasta 30 km/h., no logró interesar a nadie. Trevithick, desilusionado, destruyó sus trabajos y murió en 1833, en la mayor amargura.

La famosa locomotora «Rocket», construida por Stephenson, en pruebas realizadas en 1829, arrastró trece toneladas a una velocidad de 25 km/h.

La «Rocket» incorporaba la principal innovación introducida por Stephenson para aumentar el tiro de la chimenea: inyectar el vapor del escape de los cilindros en la parte baja de la chimenea.

Esquema del cilindro de transmisión

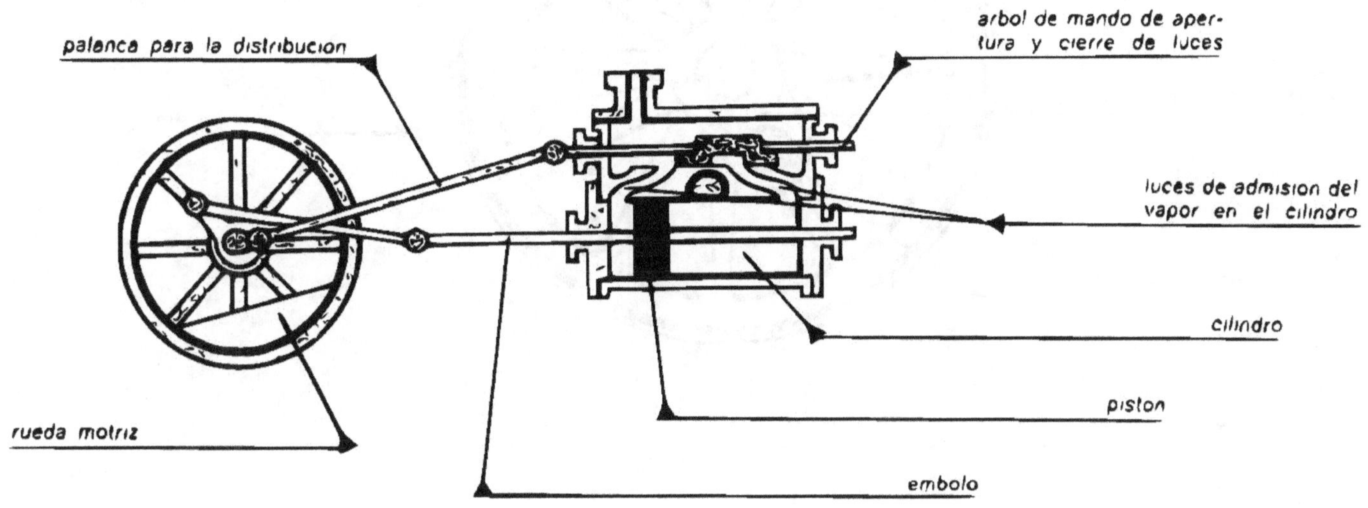

Esquema de rueda

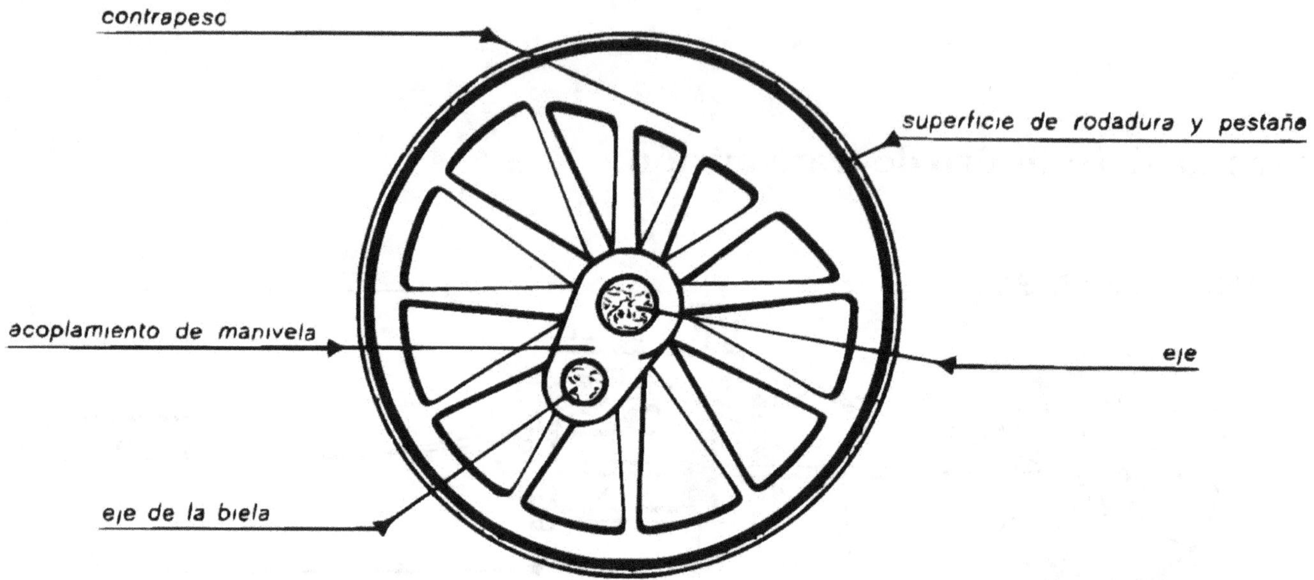

El ferrocarril se extiende por Europa

En Francia, los trabajos de Stephenson se recibieron con gran interés, y no tardó en ponerse en práctica la construcción de la primera línea ferroviaria, que con una longitud de 21 kilómetros, uniría las ciudades de St. Etienne y Andrezieux. Terminada en 1827, esta línea se empleó principalmente en el transporte de carbón y mercancías.

Las locomotoras construidas en Francia para el servicio de la línea antes citada fueron proyectadas por el ingeniero galo Marc Seguin, inventor de la caldera tubular, que permitió elevar considerablemente el rendimiento de las máquinas de vapor.

Estas locomotoras llevaban la caldera dispuesta bajo el hogar, que se prolongaba en una longitud igual a la de la propia caldera. Así, la energía proporcionada por la combustión del carbón se aprovechaba de una manera más completa. Los cilindros eran verticales, y el movimiento de los pistones se transmitía a las cuatro ruedas tractoras por medio de un sistema bastante complicado de bielas y manivelas. Otra innovación interesante de la máquina de Seguin era la inyección de aire en el hogar, llevada a cabo por sopladores centrífugos gemelos que iban instalados en los costados del ténder.

Es de señalar que, gracias a estos perfeccionamientos, la locomotora del ingeniero francés era de características muy superiores a los diseños de Stephenson, y el ferrocarril moderno debe a Marc Seguin tanto como al inventor británico.

En los años posteriores a la inauguración de las primeras líneas en Francia y a la consiguiente demostración práctica de la utilidad del transporte ferroviario, las locomotoras comenzaron a verse en casi la totalidad de Europa; así tenemos que en 1850, el total de línea férrea tendida en el continente europeo era de 12.000 kilómetros.

Recorrido del vapor en una locomotora

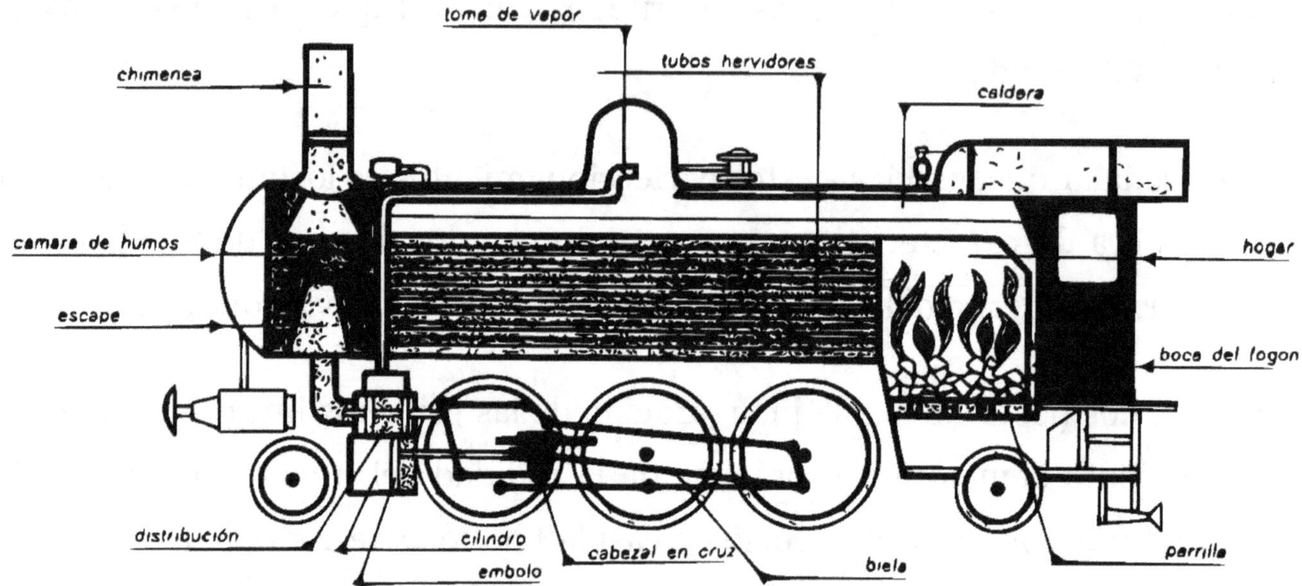

Las estaciones

Se puede decir que una estación consiste en un conjunto de instalaciones relacionadas con la llegada, salida, carga y formación de los convoyes ferroviarios. Las estaciones se encuentran siempre sobre una superficie plana, con objeto de no tener necesidad de mantener frenados los vagones para que estén inmóviles, así como para evitar accidentes ocasionados por el movimiento incontrolado del material ferroviario.

El primer ferrocarril español

Hacia 1844 se formaron en España varias sociedades que pretendían la instalación y comercialización de los ferrocarriles en nuestro país. Las líneas en proyecto eran la Barcelona-Reus y la Jerez-Puerto de Santa María.

Sin embargo, y por distintas circunstancias, estas obras nunca salieron del papel. Fue recién en 1846 que se emprendió la construcción de la vía férrea Barcelona-Mataró, cuyas obras culminarían en 1848, inaugurándose la línea el día 28 de octubre, con asistencia de la reina gobernadora, María Cristina.

Al Barcelona-Mataró seguiría, en pocos años, el Madrid-Aranjuez, obra del marqués de Salamanca y primera etapa de un ambicioso proyecto de comunicaciones ferroviarias que aspiraba a unir el centro de la península con Andalucía, Valencia y Extremadura.

La primera línea transcontinental

Un país de tan dilatada extensión como los Estados Unidos no tardó en darse cuenta del enorme interés que presentaba el transporte ferroviario para la mejora de las comunicaciones en la nación.

Las primeras líneas construidas en este país fueron usadas casi exclusivamente para el transporte de mineral desde la boca de la mina hasta los puertos de embarque. Las primeras locomotoras de vapor se importaron desde Inglaterra, y en los primeros tiempos el resultado fue bastante mediocre, dado que los rieles se habían tendido de un modo apresurado, y la precisión del trazado dejaba mucho que desear.

No obstante, tras estas dificultades iniciales, el nuevo medio de transporte se extendió con gran celeridad, y hacia 1850, los norteamericanos contaban con más de 15.000 kilómetros de vía férrea. Pero la aventura más extraordinaria del ferrocarril en tierras americanas fue sin duda la construcción de la línea que enlazó por primera vez las costas Atlántica y Pacífica de Estados Unidos.

Desde 1869, y gracias al ferrocarril, el Este del país, fuertemente poblado, quedaba enlazado con el Oeste, tierra en gran parte inexplorada y deshabitada, pero con enormes recursos naturales, entre los que se podría citar los pastos y el petróleo.

Esquema de palancas

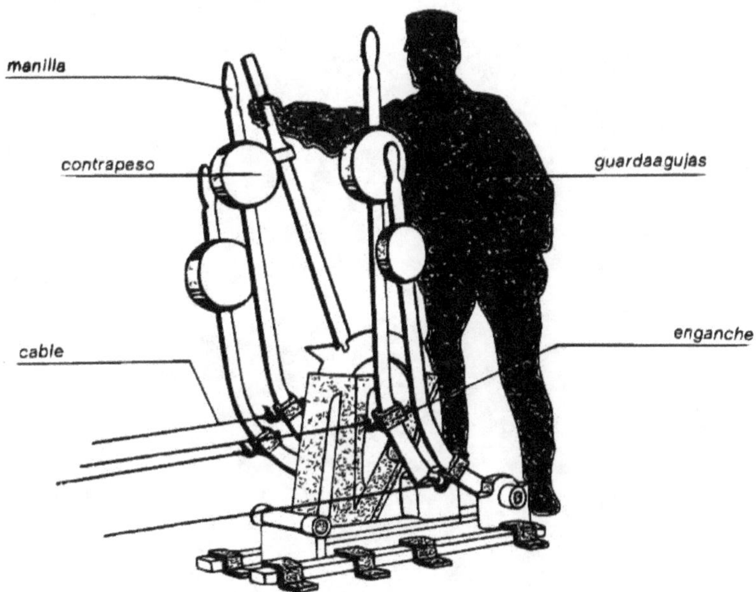

Esquema de los rieles

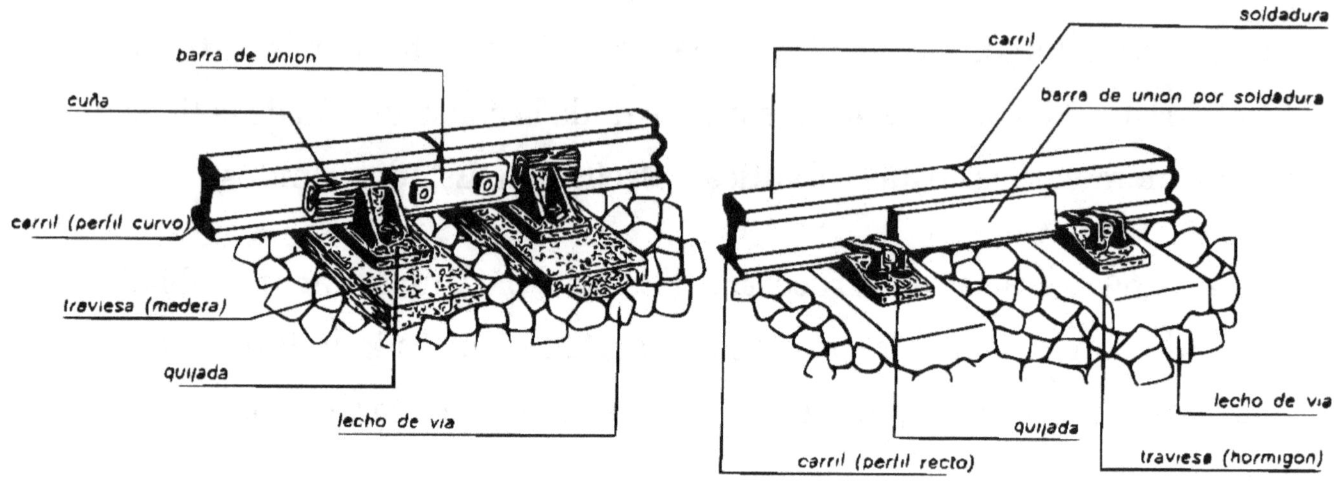

El ferrocarril transiberiano

A principios del año 1836 llegó a Rusia la primera locomotora que se vio en el país. Se trataba de un modelo construido por Stephenson en los talleres de Newcastle, y que estaba provisto de sistemas especialmente concebidos para aumentar su rendimiento en climas tan poco cálidos como el ruso. La máquina iba destinada al servicio de la primera vía férrea de la nación, que unía las poblaciones de Paulovsk y Konzimln, cubriendo una distancia de unos 10 kilómetros.

Como lo había hecho en otros países, la máquina probó sus grandes posibilidades de transporte, incluso en mal tiempo, y no pasaron muchos años antes de que muchas ciudades de Rusia Occidental contaran con el ferrocarril.

Pero habría que esperar hasta 1890 para ver los comienzos de un plan de enlace ferroviario verdaderamente ambicioso. El proyecto, propuesto al Zar Nicolás II por el general Mikhail Anen-kov, pretendía la construcción de una línea férrea que, cruzando Siberia, uniera Vladivostok, puerto en el mar del Japón, con Moscú.

El proyecto no tardó en ser aprobado, y antes de que terminara el año se comenzaron los trabajos de tendido de vías. La magna obra tardaría trece años en ser completada, y se vio dificultada por el crudo invierno siberiano, que obligó en repetidas ocasiones a aplazar determinadas obras e incluso a reconstruir tramos de vía, arruinados por el asentamiento irregular del congelado suelo.

Tras la caída del Zar, el gobierno soviético puso buen cuidado en mejorar el transiberiano. Se construyó una vía doble y se excavaron túneles bajo algunos ríos, dado que las condiciones climatológicas no permitían la construcción de puentes con suficientes garantías de seguridad.

El primer túnel transalpino

Italia, separada del resto de Europa por la imponente mole de los Alpes, temía el aislamiento económico que pudiera significar el hecho de que sus líneas férreas no tuvieran continuidad con las de otros países europeos.

Así pues, fue Italia el país promotor de la excavación del túnel de Frejus, que con una longitud de 13 kilómetros, se comenzó a cavar en 1827, terminándose trece años después.

La obra, de gran magnitud para la época, costó cerca de cincuenta vidas humanas, y el éxito final de la empresa se debió al uso de la primera máquina perforadora usada en este tipo de tareas.

El empleo de la perforadora permitió un avance de 260 centímetros diarios, mientras que la velocidad normal de una excavación efectuada sin ayuda mecánica era de tan solo 45 centímetros diarios.

Locomotora diésel-eléctrica

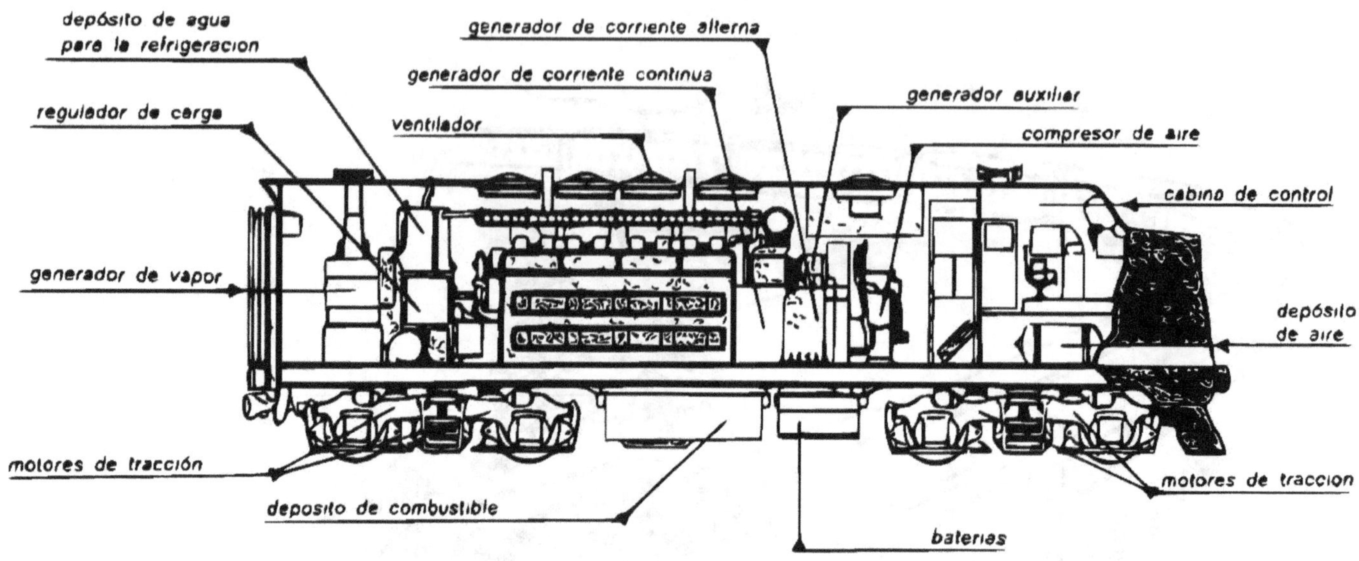

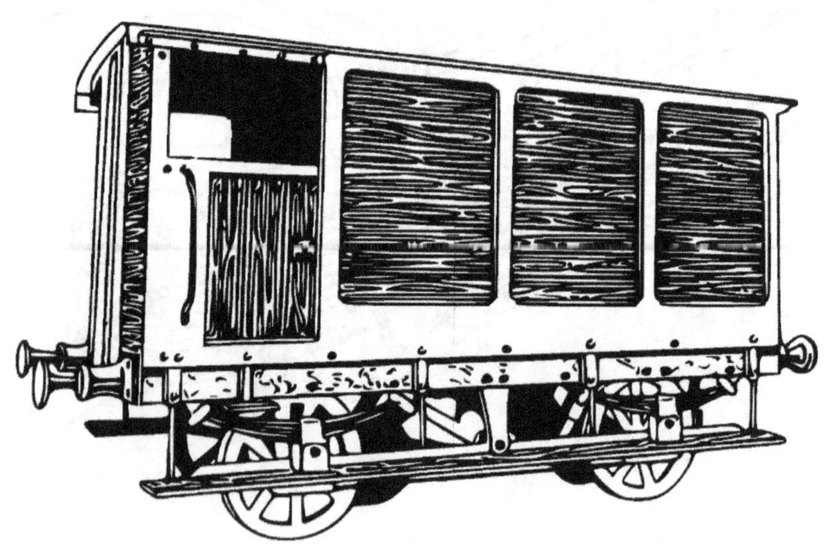

Antiguo vagón de transporte

Antiguo vagón de transporte de mercancías. Está construido en gran parte de madera. No existen bogies y la suspensión es de ballestas.

El ferrocarril llega a la ciudad

El ferrocarril tiene versiones, como el tranvía y el «metro», que se emplean como medio de comunicación urbana.

Los antecedentes debemos buscarlos en América, donde el primer tranvía urbano (remolcado por caballos) empezó a prestar servicios en 1832. Esta línea funcionó durante diez años entre dos barrios de la entonces naciente Nueva York, y hasta mediado el siglo, la idea no fue puesta en práctica en otros lugares.

En Europa, fue París la primera ciudad que contó con un servicio de tranvías inaugurado en 1853, pero hasta 1870 el caballo no fue reemplazado como medio de tracción para estos vehículos.

Con el fin de evitar los obstáculos que una ciudad presenta al transporte por superficie, se comenzó a tender las vías en túneles especialmente construidos, lo que hizo aumentar notablemente la velocidad.

Actualmente, los ferrocarriles subterráneos constituyen, en numerosas ciudades, el principal medio de transporte urbano.

La electrificación

Desde principios de la década de 1880 se empezó a estudiar, tanto en Europa como en América, la posibilidad de aplicar la energía eléctrica a la tracción de los ferrocarriles. Las principales razones que justificaban el cambio eran el bajo rendimiento de la máquina de vapor, su enorme peso, y su difícil atención y mantenimiento.

Tras el estudio de numerosas modalidades de transmisión de la corriente, los ingenieros ferroviarios se decidieron por la solución más simple: captar la energía de un cable suspendido sobre la vía por medio de un contacto móvil. Para evitar pérdidas, dada la dilatada extensión de los tendidos, se decidió una tensión elevada, del orden de 2.000 voltios.

Las locomotoras eléctricas tienen potencias de hasta 10.000 caballos, y presentan sobre las de vapor las ventajas de su mayor limpieza y mantenimiento y conducción más fáciles, además de tener una autonomía sólo limitada por la longitud del tendido eléctrico.

Aparte de la tracción eléctrica y de las aún empleadas locomotoras de vapor, numerosas líneas ferroviarias usan un tercer sistema: la locomotora diésel-eléctrica. Esta máquina obtiene su tracción de motores eléctricos acoplados a las ruedas, y que son alimentados por la corriente producida por generadores movidos con motores diésel.

Tal transformación de energía es ventajosa, porque la electricidad es más fácil de controlar que un motor diésel, y además, el motor diésel, cuando funciona a una velocidad constante sin estar sujeto a cambios de régimen dictados por las alternativas de un viaje, tiene un rendimiento muy elevado.

Esquema locomotora eléctrica

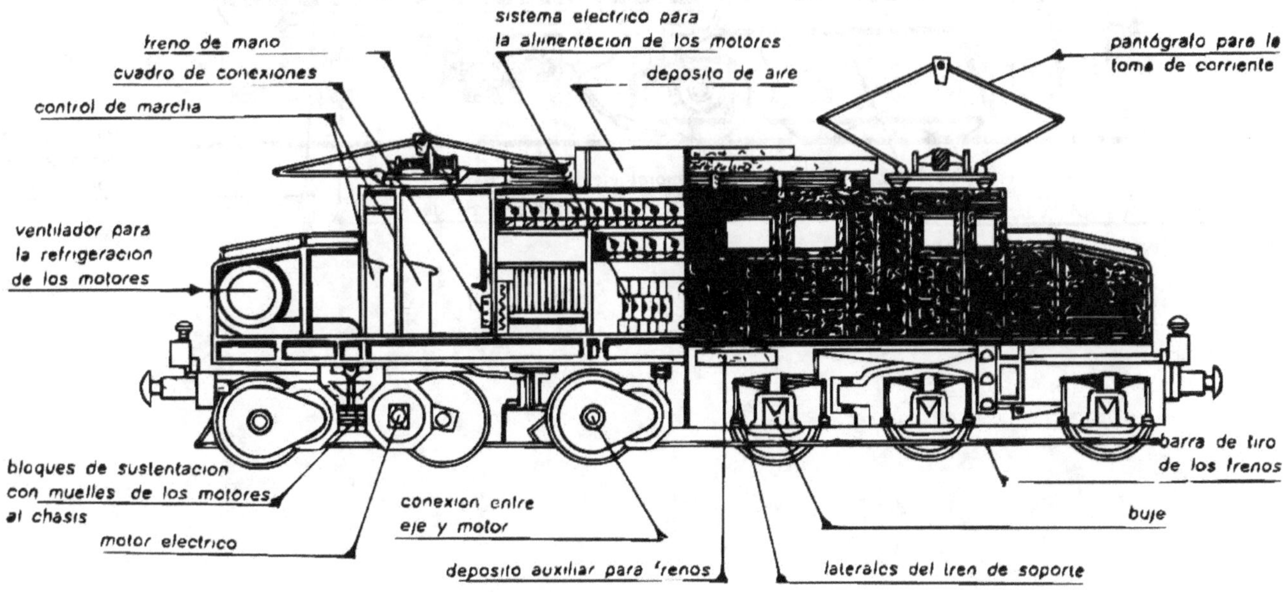

Esquema parte motriz de locomotora

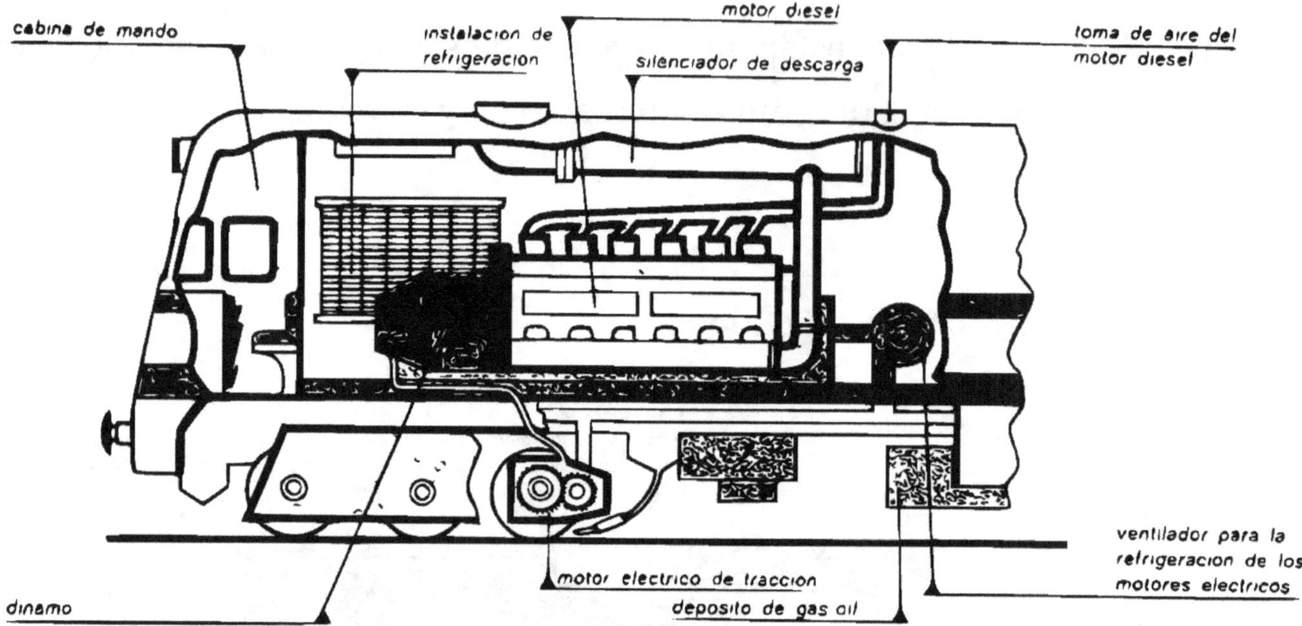

El tren «talgo»

El tren «Talgo» es un intento de perfeccionar el transporte de viajeros por vía férrea, que se basa principalmente en una construcción racional y en la eliminación del peso innecesario.

En un tren de viajeros convencional, si dividimos el peso del convoy entre el número de viajeros que transporta, obtendremos una cifra que varía entre 400 y 2.000 kilogramos. Un ingeniero español, Alejandro Goicoechea, tuvo la idea de reducir al mínimo el número de ruedas y de construir el tren, a excepción de la locomotora, de una aleación ligera a base de aluminio. De este modo, la tara queda reducida a 9 kilogramos por viajero, rebajando al tiempo la altura del centro de gravedad del conjunto, y por ende, logrando una mayor seguridad en la marcha.

Los primeros trenes basados en la idea de Goicoechea fueron ensayados en los Estados Unidos, y el día 2 de marzo de 1950, el primer «Talgo» empezó a prestar servicio en la línea Madrid-Irún, en virtud de un contrato entre la empresa constructora y la Red Nacional de los Ferrocarriles Españoles.

18
A

Desde entonces, el «Talgo» ha experimentado muchas mejoras, y, en la actualidad, se considera como la contribución más señalada de este país al transporte sobre rieles. Pero el progreso no se detuvo, y el ingeniero Goicoechea también participó en la construcción y evaluación del «Tren vertebrado», el cual finalmente no llegó a materializarse.

Esquema del sistema de cambio de agujas

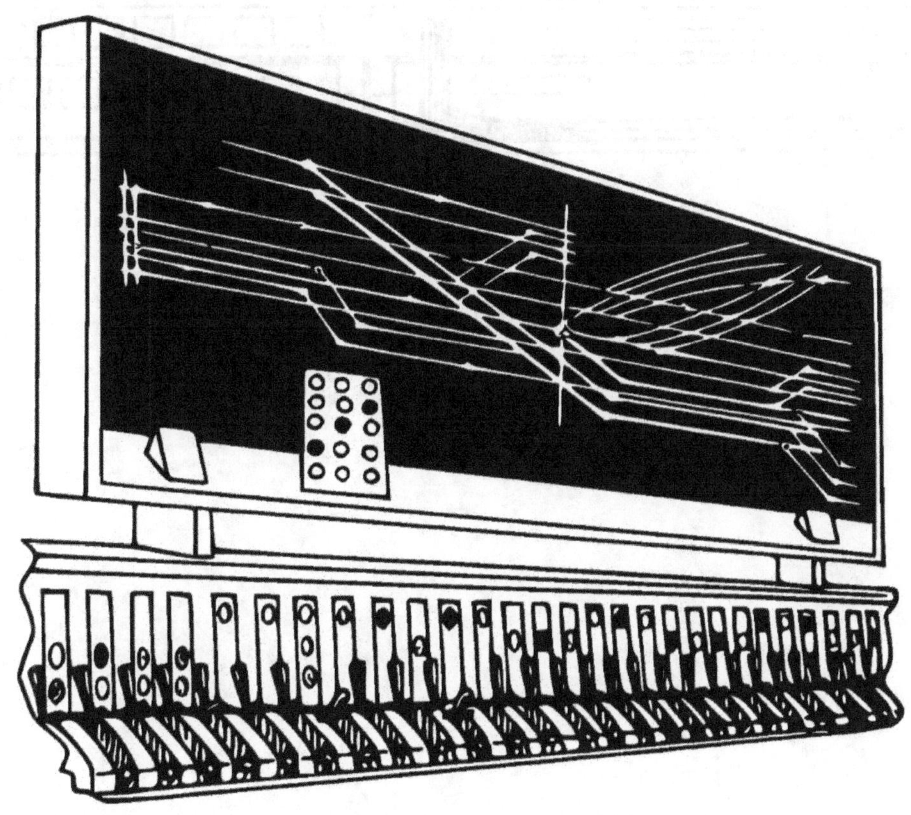

Alojamiento de los sistemas de cambio de agujas de una estación. Allí se dirige el armado de los trenes accionando los cambios de vía a distancia. La comunicación con los maquinistas se efectúa por medio de semáforos.

Ferrocarril de cremallera

También llamado ferrocarril de montaña, se emplea en zonas con pendientes tan pronunciadas que la simple adherencia de la rueda con el riel no permitiría salvar.

El ferrocarril de cremallera encomienda la tracción a una rueda dentada que engrana en un tercer carril también dentado. Los vagones de este tipo de ferrocarriles deben ser lo más ligeros posible, dado que aquí el peso es un factor negativo.

Construidos por primera vez en América, hacia 1866, esta tipo de tren ha alcanzado cierta difusión en regiones muy montañosas, especialmente en la Europa alpina.

El futuro

El mañana de los ferrocarriles se halla, según algunos, bastante comprometido; dado que se sostiene que el transporte ferroviario fue necesario en su momento, pero que su época ya ha pasado, o está a punto de terminar, y la línea férrea tenderá a ser desplazada por otros medios de transporte.

El más grave problema al que hacen frente los ferrocarriles del presente es el elevado coste de mantenimiento, y por consecuencia, su difícil financiación. No son pocas las redes ferroviarias que se hallan al borde de la ruina, y que en muchos casos son sostenidas por los Gobiernos para mantener un medio de comunicación y transporte que es todavía necesario.

Como posible alternativa a la desaparición del ferrocarril se tiene al monorriel en sus distintas versiones, que se puede considerar como descendiente, técnicamente más adelantado, del tren convencional. Sin embargo, el monorriel no ha salido casi de la fase de estudio y experimentación, y la casi totalidad de las líneas de transporte monorriel que funcionan hoy en el mundo han sido construidas más como alarde técnico que como solución práctica del problema del transporte terrestre.

*****

Estimado Lector:

Nos interesan mucho tus comentarios y opiniones sobre esta obra. Por favor ayúdanos comentando sobre este libro. Puedes hacerlo dejando una reseña en la tienda donde lo has adquirido.

Puedes también escribirnos por correo electrónico a la dirección **info@editorialimagen.com.**

Si deseas más libros como éste puedes visitar el sitio web de **Editorialimagen.com** para ver los nuevos títulos disponibles y aprovechar los descuentos y precios especiales que publicamos cada semana.

Allí mismo puedes contactarnos directamente si tienes dudas, preguntas o cualquier sugerencia. ¡Esperamos saber de ti!

Más Libros de Interés

Esteban Vence sus Miedos y Conoce al Mejor Súper Héroe

Este libro relata varias aventuras del pequeño Esteban, a quien le gusta jugar y divertirse con sus hermanos. En una oscura noche, el miedo se apoderó de él, pero luego conoció a alguien que cambió su vida para siempre, conoció al mejor Súper Héroe, ¡uno real! Descubre tú mismo de quién se trata…

Milena - La Princesita Viajera

Este libro ilustrado cuenta varias aventuras de Milena, una niña a la que le encanta viajar por el mundo. De la serie Cuentos para Niños, este libro es perfecto para aquellos padres que buscan cuentos infantiles ilustrados para los más pequeños.

Mi amigo extraterrestre

Este libro relata una de las tantas aventuras de Tomás, un niño al que le encanta jugar. Tomás decide leer un libro, cuando de repente recibe una visita inesperada. Lo que sigue son simplemente más aventuras y sorpresas, las cuales ayudan a que Tomás se dé cuenta de algo muy importante al final.

Autos Súper Deportivos - Descubre los automóviles más fascinantes del mundo

Este no es un libro común: Es un "Libro Juego". Este libro pondrá a prueba tus conocimientos sobre automóviles y te irá enseñando todavía más cada vez que lo juegues. ¿Cómo se juega? Muy sencillo. Déjame explicarte. Cada capítulo empieza con datos reales de un automóvil en particular. Al final del mismo tendrás tres opciones para escoger de qué auto estamos hablando.

El misterio de la casa abandonada

¡El primer libro de aventuras para niños y adolescentes donde tú eres el verdadero protagonista!
Tu tío, un detective, te invita a participar en una investigación relacionada con extraños sucesos que están ocurriendo en las cercanías de una casa abandonada. ¿Por qué la casa está desierta? ¿Qué es esa sombra que viste pasar rápidamente? Descúbrelo en este libro lleno de acción y aventuras.

Amigo de Dios - Un libro ilustrado para niños que desean estar más cerca de Dios.

Descubre cómo ser amigo de Dios a través de historias ilustradas sencillas y divertidas. Contiene historias bíblicas tales como "El Tesoro Escondido" y un cuento para niños sobre el valor del dar: "Regalos del Corazón".

*****